ÉTUDE

SUR LE

CODE DE PROCÉDURE PÉNALE

POUR

LA BOSNIE ET L'HERZÉGOVINE

DU 30 JANVIER 1891, MIS EN VIGUEUR LE 31 JANVIER 1892

PAR

M. S. MAYER

Docteur en droit, Conseiller du Gouvernement d'Autriche,
Ancien professeur de droit à l'Université de Vienne.

(Extrait du *Bulletin de la Société de Législation comparée.*

PARIS

LIBRAIRIE COTILLON

F. PICHON, SUCCESSEUR, ÉDITEUR

Libraire du Conseil d'État et de la Société de Législation comparée

24, Rue Soufflot, 24

1892

ÉTUDE

SUR LE

CODE DE PROCÉDURE PÉNALE

POUR

LA BOSNIE ET L'HERZÉGOVINE

DU 30 JANVIER 1891, MIS EN VIGUEUR LE 31 JANVIER 1892

ÉTUDE

SUR LE

CODE DE PROCÉDURE PÉNALE

POUR

LA BOSNIE ET L'HERZÉGOVINE

DU 30 JANVIER 1891, MIS EN VIGUEUR LE 31 JANVIER 1892

PAR

M. S. MAYER

Docteur en droit, Conseiller du Gouvernement d'Autriche,
Ancien professeur de droit à l'Université de Vienne.

(EXTRAIT du *Bulletin de la Société de Législation comparée.*

PARIS

LIBRAIRIE COTILLON

F. PICHON, SUCCESSEUR, ÉDITEUR

Libraire du Conseil d'État et de la Société de Législation comparée

24, Rue Soufflot, 24

1892

ÉTUDE

SUR LE

CODE DE PROCÉDURE PÉNALE

POUR

LA BOSNIE ET L'HERZÉGOVINE

DU 30 JANVIER 1891, MIS EN VIGUEUR LE 31 JANVIER 1892

Le *Bulletin des lois* de Bosnie et Herzégovine a publié, dans son numéro du 15 juin 1891, le nouveau Code de procédure criminelle, entré en vigueur le 1ᵉʳ janvier 1892. L'exposé des motifs est reproduit à la suite du texte du code. C'est cet exposé, très bien fait et très soigneusement rédigé, qui servira de base à la présente étude, où nous nous proposons surtout d'examiner les principes fondamentaux de cette loi nouvelle et importante.

Loi importante, disons-nous : ajoutons que son intérêt réside dans le caractère scientifique de ses dispositions et des principes mis en œuvre, et que ce code de Bosnie et Herzégovine, le plus récent des codes de procédure pénale européens, est en même temps conforme aux règles les plus élevées du droit en cette matière.

I

Le droit musulman, appliqué pendant des siècles en Bosnie et en Herzégovine ignorait absolument le système de procédure inquisitoriale en matière criminelle. Dans ce droit aucun acte punissable n'était poursuivi si ce n'est sur une plainte des intéressés. En 1869 seulement, lors de la réforme de la législation ottomane,

(1) Cette étude sera insérée dans le *Bulletin* nᵒˢ 6 et 7 (juin et juillet 1892).

on admit le principe des poursuites d'office et sans dénonciation préalable.

C'est ainsi qu'il existait en Bosnie et Herzégovine, au moment de l'occupation autrichienne, une procédure purement inquisitoriale, sans accusation et sans défense.

On comprend qu'une justice criminelle basée sur de tels principes et fonctionnant au milieu des désordres qui motivèrent l'occupation du pays, laissait fatalement place à toutes les erreurs et à tous les excès. De plus il arriva que la plupart des « Kadis » originaires de la Turquie proprement dite et chargés seulement de missions temporaires en Bosnie quittèrent, aussitôt l'occupation accomplie, un pays qui n'était pas le leur. Dès lors un péril se manifesta immédiatement : les tribunaux, même ceux qui fonctionnaient encore en fait, ne pouvaient plus suffire aux besoins de la justice criminelle ; et l'on se vit forcé de renoncer absolument à leur concours.

Dans ces conditions, on dut abandonner à la justice militaire la répression des crimes importants.

Dans l'administration du pays, l'un des premiers devoirs des occupants fut donc d'organiser de nouveaux tribunaux en se conformant aux circonstances, et de préparer la publication de lois pénales et de procédure pénale, adoptées aux nouveaux besoins. Il fallait toutefois, dans la réalisation de ce dessein, prendre en considération l'impossibilité de donner aux tribunaux de Bosnie et d'Herzégovine une organisation semblable à celle des tribunaux d'Autriche-Hongrie. On ne disposait pas en effet de ressources pécuniaires suffisantes ; on n'avait pas encore non plus à sa disposition le personnel judiciaire nécessaire, enfin on manquait encore absolument, à cette époque, de défenseurs versés dans la science du droit. En conséquence, le gouvernement décida, à l'origine, de maintenir provisoirement le principe de la procédure inquisitoriale en vigueur avant l'occupation, et de faire participer à l'administration de la justice, conformément aux coutumes observées dans le pays, des juges laïques, sorte de magistrats improvisés, pris parmi la population et adjoints aux juges réguliers. Cette dernière mesure avait pour but de faciliter la formation de tribunaux composés de plusieurs juges.

L'exposé officiel des motifs, que nous suivons ici pas à pas, indique que bientôt un comité de jurisconsultes, désignés par les gouvernements d'Autriche et de Hongrie pour donner son avis sur les réformes à adopter, fit prévaloir un système différent. Ce comité fit remarquer que, d'une part, la formation de petits tribunaux composés de plusieurs juges n'était nullement incompatible avec la difficulté de se procurer des ressources financières et un personnel satisfaisant ; et que, d'autre part, on pourrait confier aux juges d'instruction les fonctions d'accusateur public, qui ne seraient exercées qu'à l'audience. Une organisation de ce genre devait rendre inutile l'usage de la procédure inquisitoriale et le recours à l'élément laïque ; de plus, elle dispensait de créer des accusateurs publics spéciaux.

Les conclusions du comité furent approuvées et introduites dans le code de procédure criminelle alors en vigueur. Mais ces dispositions ne pouvaient, dès l'origine, être regardées que comme provisoires.

En effet, on s'était trouvé contraint par les circonstances, d'une part, à renoncer absolument à recourir à l'élément laïque, d'autre part, à adopter le principe de l'accusation publique sans accusateurs. C'était là des concessions faites aux événements, et qui devaient être essentiellement transitoires : les défauts d'une telle organisation se révélèrent, comme il était inévitable, au bout de peu de temps. Par exemple, le principe admis par les paragraphes 2 et 69 de l'ancien Code de procédure pénale — et d'après lequel les tribunaux criminels étaient forcés de poursuivre d'office, dès qu'un fait punissable était porté à leur connaissance, — engendrait de nombreux abus : des personnes innocentes étaient souvent poursuivies sur la foi de dénonciations mal fondées. De tels faits, nuisibles à la bonne administration de la justice criminelle, se produisent plus difficilement quand l'initiative des poursuites est confiée à un accusateur public. De même on reconnut la nécessité de faire intervenir le ministère public dès les premières mesures d'instruction, pour prêter au juge d'instruction son appui, et aussi pour le contrôler, en vue surtout de parer aux nullités de forme et aux irrégularités de la procédure auxquelles il serait impossible d'apporter remède ultérieurement, et qui souvent seraient de nature à faire échouer la poursuite.

Une autre raison pour laquelle on éprouvait un scrupule sérieux et justifié à laisser subsister cet état de choses, c'est que l'on constatait souvent que les tribunaux criminels n'avaient pas suffisamment égard à l'état des mœurs dans leur appréciation de la culpabilité des prévenus. Leurs sentences étaient parfaitement conformes à la loi, mais il semblait bien que le délit, envisagé au point de vue des habitudes du pays en général ou souvent même de certaines habitudes locales, aurait dû donner lieu à un jugement tout différent. En somme, la sentence rendue était légale, mais ne pouvait pas être comprise par la population. Et cependant les juges, magistrats de profession, venus d'Autriche ou de Hongrie, ne pouvaient se rendre compte des raisons pour lesquelles leurs jugements provoquaient un mécontentement parmi la population, les habitudes et les sentiments juridiques de ce peuple leur étant étrangers, notamment en matière d'enlèvement en vue du mariage, etc.

Mais comme il ne fallait pas compter que l'on pût, avant de nombreuses années, recruter en nombre suffisant, parmi les indigènes, des juges qui fûssent des jurisconsultes, il devenait évidemment nécessaire de recourir à l'élément laïque, exclu par le Code de 1880. Il fallait y recourir d'une façon quelconque ; mais il importait de mettre à la portée de la population, sans froisser ses usages, le droit nouveau qu'on lui imposait. Il fallait enfin réformer toute la partie du Code relative à la procédure devant les juridictions supérieures (appels et pourvois en cassation), l'expérience ayant prouvé que la population ne pouvait pas comprendre les complications du système des nullités, et que, dès lors, la plupart des pourvois étaient condamnés à ne pas aboutir.

D'un autre côté, les parties confondaient souvent une voie de recours avec l'autre, et l'appel avec le pourvoi en nullité.

Ces quelques indications suffisent à montrer que la réforme du Code de 1880 devait toucher aux questions les plus importantes et aux principes fondamentaux de la procédure.

Nous allons essayer de donner une idée générale des principes qui dominent le nouveau Code. Ces principes sont nettement développés, comme nous l'avons dit, dans l'exposé des motifs, auquel il faut joindre une très claire et très intéressante instruction (*Erlass*) du gouvernement pour la Bosnie et l'Herzégovine, instruction rendue dans le but d'assurer l'application des dispositions du nouveau Code dans un sens raisonnable et libéral. Nous ne pourrions mieux faire que de nous en rapporter à ces documents, dont nous donnerons parfois de courts extraits, à propos des questions les plus intéressantes. Nous nous bornerons d'ailleurs à signaler les modifications essentielles apportées à l'ancien Code et les différences existant entre le nouveau Code et la loi autrichienne.

II

Le Code de 1891-1892 part de certains principes déjà sanctionnés par le Code du 31 août 1880, et empruntés à la législation actuelle de l'Autriche : accusation publique, débats publics et oraux, libre appréciation des preuves, et impossibilité de faire appel des jugements de condamnation, du chef de cette appréciation des faits et des preuves. La nouvelle loi néanmoins se distingue essentiellement de l'ancienne sur plusieurs points.

D'une part, comme nous l'avons indiqué plus haut, le principe que la procédure doit être accusatoire a été réalisé avec toutes ses conséquences et poussé jusqu'aux extrêmes limites du possible.

En face de l'accusation on a placé la défense, à laquelle on a prodigué les droits et les prérogatives ; et l'on a réservé au tribunal, entre ces deux parties, un rôle tel qu'il puisse non seulement exercer toute son influence sur la procédure et sur la marche des débats, mais encore qu'il puisse assurer à ses jugements l'autorité qu'ils doivent avoir, et les faire en même temps comprendre et respecter par les habitants du pays. Cette mission se trouve d'ailleurs facilitée par la coopération de laïques, c'est-à-dire de juges pris parmi la population, dont le concours contribue très efficacement à éclairer la conviction du tribunal et à le renseigner sur les coutumes et les tendances de la population (Il y a là quelque chose d'analogue à l'institution des assesseurs indigènes, dans certaines colonies françaises).

III

Jetons d'abord un coup d'œil sur l'organisation des tribunaux.

La juridiction, en matière pénale, est exercée en Bosnie et Herzégovine :

1° Par les juges de canton (*Bezirksämter*) ;

2° Par les tribunaux de district (*Kreisgerichte*) ;

3° Par la Cour d'appel (*Obergericht*), qui siège à Sarajevo.

Les juges de canton dont la compétence embrasse tous les délits, sauf ceux réservés aux tribunaux de district, ne constituent pas un tribunal composé de plusieurs juges, c'est-à-dire que cette juridiction inférieure est exercée par un juge unique ; mais, contrairement au Code autrichien, ce juge est assisté de deux assesseurs (*Beisitzer*) pris dans la population.

Les tribunaux de district jugent les crimes et les délits suivants :
a) délits commis par la voie de la presse ; *b*) infractions punies de
peines privatives de liberté, au delà de six mois ; *c*) infractions
susceptibles d'entraîner la perte d'un office public ou ecclésiastique ;
d) délits contre l'ordre public et la sûreté de l'Etat (Code pénal
art. 329, 330, 332, 335) et délits contre les propriétés (Code pénal, § 428). Ces mêmes tribunaux connaissent aussi des oppositions
formées contre les actes d'accusation ; enfin, ils constituent un
degré de juridiction supérieure pour les juges cantonaux, et, en
cette qualité, ils connaissent des appels contre les jugements et ordonnances rendus par ces juges en matière pénale.

Le tribunal de district est composé de trois juges, dont un préside,
à l'audience ; pour rendre leurs jugements, ces magistrats doivent
être assistés de deux assesseurs pris dans la population (§§ 12, 13).

Devant la Cour d'appel enfin, sont portés les recours et appels
interjetés contre les jugements des tribunaux de district (§ 15).
Cette Cour a, en même temps, certaines attributions de la Cour de
cassation, en ce sens qu'elle tranche les questions de nullité de
procédure qui lui sont soumises.

Parmi les dispositions du nouveau Code il faut signaler comme
une des plus importantes la participation de ce que nous avons appelé
l'élément laïque, c'est-à-dire la participation de la population elle-
même à la justice criminelle, par l'intermédiaire des assesseurs.
Ceux-ci sont mieux qualifiés évidemment que les magistrats pour
apprécier les circonstances que ne révèlent pas les seuls faits de la
cause et qui pourtant doivent exercer une influence parfois prépon-
dérante sur la façon d'envisager un délit et de mesurer la peine à
lui appliquer : nous voulons parler de la condition sociale (dans le
sens le plus large de ce mot) et des antécédents du prévenu, de sa
réputation, etc., et aussi, d'une façon plus générale, des mœurs
et des coutumes de la population, et de son sentiment du droit.
Tout cela doit être envisagé et pesé par le tribunal. Or, les assesseurs connaissant l'accusé et les témoins, seront meilleurs juges
que les magistrats, moins mêlés qu'eux à la vie locale, de leur va-
leur personnelle et du degré de confiance que l'on doit accorder
à tel ou tel témoignage.

A un autre point de vue encore, le concours des assesseurs sera
fort utile : c'est pour comprendre et traduire au besoin au tribunal
les réponses des témoins ou des parties comparantes. Car, en ce
pays, les dialectes sont divers et nombreux, et on ne peut exiger
d'un jurisconsulte métropolitain qu'il connaisse tous les patois
qu'il lui sera donné d'entendre.

Les assesseurs coopèrent à l'instruction, à l'audience, et à la rédaction du jugement. Ils forment, avec les juges de profession, un seul et même collège. Ils décident en commun avec eux sur toutes les questions préalables, sur la culpabilité, sur la peine et sur les demandes à fins civiles, ainsi que sur les questions incidentes qui peuvent surgir au cours des débats. Il leur faut donc assister à l'audience entière ; ils ont le droit de demander des explications et de poser des questions aux parties, aux témoins, etc. Mais comme ils manquent de la connaissance des lois et aussi d'expérience, il est nécessaire de leur donner quelques explications sur les points de droit avant la délibération : ce sont les magistrats, leurs collègues, qui sont chargés de ce soin.

IV

Si l'on veut que la procédure par voie d'accusation publique fonctionne réellement et utilement, il faut établir une distinction et une séparation absolue entre les fonctions diverses d'accusateur, de défenseur et de juge. En conséquence, l'action publique doit être exercée par un organe spécial, qui ne doit pas cumuler les attributions du ministère public avec celles du juge. C'est de son initiative exclusivement que doivent dépendre les poursuites criminelles ou correctionnelles. Le Code de 1880 avait réuni en une seule main les fonctions de juge et celles d'accusateur public (§ 26) ; et d'autre part, les poursuites — sauf pour certains délits — avaient lieu d'office ; c'était le tribunal qui mettait l'action en mouvement et qui clôturait la procédure. D'après cet ancien Code, le système que nous appellerons accusatoire ne s'appliquait qu'à l'audience, et encore avec de nombreuses restrictions ; ainsi, lorsque le ministère public abandonnait l'accusation au cours des débats, il ne s'ensuivait pas nécessairement un acquittement, comme cela aurait dû avoir lieu conformément aux principes (§ 232, 2).

Le nouveau Code s'inspire au contraire des principes du système accusatoire et en consacre toutes les conséquences. Dès les premiers actes de la procédure préliminaire ou préparatoire, dès les premières mesures d'instruction qui précèdent le débat à l'audience, et même au cours de cette période de pure information par laquelle l'instruction débute, nous constatons une séparation très rigoureusement observée entre les fonctions de l'accusation et les attributions du juge. La poursuite est entièrement et exclusivement confiée aux mains de l'accusateur et retirée au juge, dont la mission se borne à rendre des jugements.

Une fois l'instruction ouverte, la procédure ne peut plus être suivie que contre les personnes désignées dans le réquisitoire ou dans l'acte d'accusation, et seulement à raison des faits qui y sont relevés (§§ 2, 99, 273, 275, 287, 288 Code); de même, la poursuite doit être abandonnée lorsque le procureur le demande (§§ 116, 119, 235 Code), et l'acquittement est obligatoire quand, au cours des débats et avant que le tribunal se soit retiré pour délibérer, le ministère public abandonne l'accusation (§ 271, n° 2).

Il va de soi que le tribunal n'est tenu de s'en remettre aux conclusions de l'accusation qu'en ce qui concerne la détermination des personnes à poursuivre et des faits incriminés. Il conserve sa liberté d'appréciation quant à la question de culpabilité et conséquemment aussi, quant à la fixation de la peine, et, en général, quant à l'application de la loi.

Le rôle du ministère public est de représenter l'État, c'est-à-dire la Société lésée par toute infraction à l'ordre public (§ 34 Code). Pour remplir sa mission, il s'entoure de tous les renseignements possibles au sujet des faits qui sont parvenus à sa connaissance par dénonciations ou autrement ; il met en mouvement l'action publique et veille à son fonctionnement ; enfin, il accomplit tous les actes que le Code de procédure pénale prescrit comme nécessaires ou utiles pour assurer le résultat de cette action publique. Dans l'accomplissement de cette tâche, conséquence de la séparation des diverses fonctions, le ministère public dirige les poursuites contre une personne déterminée. Adversaire constitué du prévenu pendant l'instruction, pendant la procédure de mise en accusation et pendant les débats, il est véritablement partie au procès, et comme tel, il a à peu près les mêmes droits et est tenu des mêmes obligations que l'accusé, au cours de la procédure. Il a la faculté de se servir de tous les moyens admis par la loi pour convaincre les juges de la culpabilité de l'accusé, mais il est tenu de respecter les droits et les libertés de ce dernier. Quoiqu'attribuant au ministère public ce rôle de partie au procès, le nouveau Code ne va pas jusqu'à le considérer exclusivement à ce point de vue, et il lui reconnaît une mission plus large. Il ne faut pas perdre de vue que si l'action publique lui est entièrement confiée, c'est en sa qualité d'autorité publique ; il a, comme représentant et soutien de l'ordre public, le devoir de veiller à ce que la procédure suive son cours légal, et de parer aux irrégularités et aux retards. Le Code, ainsi que les ordonnances rendues en vue d'en assurer l'application, fournissent au ministère public les moyens d'atteindre ce but. Or, en cette qualité et dans l'accomplissement de ce côté spécial de sa mission, l'accusation doit oublier qu'elle est partie intéressée au procès, et ne songer qu'à garantir le maintien de l'ordre social et à assurer sa protection aux citoyens (§§ 12, 38, 101 Code).

Ce rôle du ministère public est nettement indiqué dans les dispositions du Code qui lui font un devoir de rechercher la vérité par tous les moyens utiles (§ 38), et de se préoccuper aussi bien des faits et circonstances propres à servir à la défense, que de ceux qui sont susceptibles de servir à l'accusation (§ 3).

Il n'est pas moins important d'assurer la stricte observation des dispositions légales qui ont pour but de simplifier le rôle du ministère public. Ces dispositions ressortent d'instructions spéciales adressées aux fonctionnaires du parquet. Ceux-ci, après un examen consciencieux des faits dénoncés, sont tenus de ne mettre en œuvre que les moyens légaux, susceptibles de leur faire atteindre le but avec la plus grande rapidité possible. Il leur est recommandé de prendre leurs mesures de la façon la plus consciencieuse et en dehors de toute préoccupation autre que celle de remplir leur devoir. D'une part, le représentant du ministère public encourrait une lourde responsabilité, s'il négligeait d'user de ses droits et de mettre en mouvement l'action publique ; d'autre part, il commettrait une faute encore et agirait contre l'esprit du nouveau Code, si, cédant à des scrupules exagérés et dans l'intention de se dégager de toute responsabilité, il n'usait pas du droit d'abandonner des poursuites qu'il estimerait mal fondées soit en fait, soit en droit, et s'il persistait à soumettre, en tous cas, l'affaire à la décision du tribunal.

Le Code pose comme un des principes primordiaux qui doivent régir son application, et comme une règle essentielle du droit pénal, l'équité et l'impartialité dans l'administration de la justice répressive.

Dans ces conditions, et c'est là un fait remarquable à noter, parce que l'institution dont nous allons parler constitue une innovation importante au regard du Code Autrichien et des législations diverses basées sur les mêmes principes, on n'a pas jugé nécessaire d'admettre, en Bosnie et Herzégovine, la possibilité d'une accusation privée subsidiaire (*Subsidiarklage*). Cette dernière institution consiste en ce que la partie lésée qui a pris part à l'instance pénale, c'est-à-dire qui s'est constituée partie civile (*Privatbetheiligter*), a le droit de reprendre l'action publique pour son compte personnel et sans le concours du ministère public, et même d'entamer des poursuites, au cas où le ministère public refuserait d'intervenir ou de continuer les poursuites commencées par lui : comme, par exemple, s'il s'est dessaisi soit avant la mise en accusation définitive, soit après. Quand, au cours même des débats, l'accusation publique est abandonnée, la partie lésée qui s'est constituée partie civile peut la reprendre dans son intégralité. La possibilité pour la partie lésée d'agir ainsi subsidiairement et de rester maîtresse de la poursuite est une des créations les plus intéressantes du Code Autrichien. L'éminent auteur de ce Code, le criminaliste Jules Glaser, a voulu assurer ainsi à la partie lésée la faculté de s'adresser directement au tribunal, même en matière criminelle, dans le cas où elle estime que le parquet, en ne donnant pas suite à sa plainte, s'est laissé déterminer par des motifs insuffisants et n'a pas pris en juste considération son droit et ses intérêts. Glaser a pensé que la seule existence de cette institution suffirait par elle-même à stimuler le zèle du parquet, la préoccupation d'éviter qu'une poursuite abandonnée mal à propos soit reprise avec succès par la partie lésée devant empêcher l'accusation de se dessaisir trop à la légère, et l'engager à réfléchir mûrement avant d'abandonner les poursuites. Il est certain qu'en Autriche (et c'est là un fait démontré par l'expérience) les cas sont assez rares où le parquet renonce sans raison suffisante à poursuivre l'action publique et oblige ainsi la partie lésée à porter sa plainte directement devant le tribunal ; on doit constater également que, dans les cas où cela a eu lieu, plus rarement encore les poursuites ont abouti à une condamnation contre l'accusé.

Étant données les conditions spéciales où se trouvent la Bosnie et l'Herzégovine, il était difficile d'admettre, dans la législation de ces pays, que la partie lésée pût agir directement. On pouvait redouter que les particuliers n'usassent de cette faculté d'une manière peu judicieuse, et, souvent, moins pour se faire rendre justice que dans le but d'exercer une vengeance personnelle, et pour donner satisfaction à des sentiments de haine ou de passion. La population de ce pays aurait mal compris qu'une personne privée pût mettre en mouvement l'action publique (car la plainte subsidiaire de la partie lésée n'est autre chose que cette mise en mouvement de l'action publique, le plaignant se trouvant substitué à tous les droits de l'accusation, et les mettant en œuvre conformément à la

loi) et cela, après que le ministère public, ayant examiné les faits et
les preuves sur lesquelles repose l'accusation ou que l'instruction a
révélés, a refusé de poursuivre ou de continuer les poursuites. C'est
que pour elle, si le ministère public a le devoir, dans l'intérêt
de l'ordre social, de ne laisser impunie aucune infraction à la loi
pénale, lui seul aussi en a le pouvoir. Elle n'aurait pas admis fa-
cilement que l'exercice de l'action publique avec toutes ses prérogatives, pût être remis aux mains de la personne directement intéressée.
L'institution du ministère public est encore récente dans ce pays ;
on pouvait craindre d'en affaiblir l'autorité et de porter atteinte
aux sentiments d'estime que l'on professe pour elle ; il serait même
contraire aux idées de justice de cette nation, d'admettre qu'une
personne envers laquelle le parquet se serait dessaisi des poursuites criminelles précédemment intentées, parce que, dans sa conviction, il n'y a pas lieu de poursuivre, qu'une telle personne, disons-
nous, pût être néanmoins livrée pour une période de temps
incertaine et en tous cas assez longue, aux menaces et aux attaques
de la partie lésée ou soi-disant telle. Il semble théoriquement
plus conforme à l'idée que l'on se fait du rôle du ministère public,
de considérer les poursuites comme soumises à sa seule action, à
sa seule initiative, et de décider que, une fois l'instruction ouverte,
sa décision, quant aux suites à donner à l'affaire, soit irrévocable.
On n'imagine pas sans inquiétude l'hypothèse où les poursuites à raison d'un crime grave ayant été abandonnées par le parquet pour
des raisons en apparence bien fondées, seraient ultérieurement
reprises par la personne lésée, et aboutiraient à une condamnation
de l'inculpé.

D'autre part, en renonçant à accorder aux victimes l'exercice de
l'action privée subsidiaire, le législateur suppose que les accusateurs publics rempliront toujours leur devoir très consciencieusement et avec une impartialité et une correction absolue, de façon
à s'attirer la confiance de la population.

L'action subsidiaire ne serait évidemment pas indispensable si
l'on était toujours sûr que l'action du parquet fût non seulement
conforme à la loi, mais aussi dirigée dans l'intérêt personnel de la
partie civile.

V

L'organisation du ministère public correspond exactement à
celle des tribunaux. L'office d'accusateur public près des juridic-

tions inférieures (*Bezirksämter*) est confié au chef du canton (*Bezirksvorsteher*), qui en a tous les droits et tous les devoirs, la loi ayant voulu que le système *accusatoire* fût rigoureusement appliqué, même devant les juridictions du degré inférieur. A chaque tribunal de district est attaché un procureur avec des substituts en nombre suffisant ; à la Cour d'appel, un procureur général avec des substituts (§ 33). Les membres du parquet sont indépendants, dans l'exercice de leurs fonctions, des tribunaux près desquels ils sont établis. Les procureurs des tribunaux de district sont sous les ordres du procureur général, qui ne relève que du gouvernement du pays (§ 34). Le procureur général a un pouvoir de surveillance sur tous les fonctionnaires du ministère public des divers tribunaux (§ 36). Il a le droit, soit d'office, soit sur l'ordre du gouvernement, de se pourvoir en cassation, dans l'intérêt de la loi, contre les décisions des tribunaux criminels qui auraient violé la loi ou qui en auraient fait une fausse application. Il a d'ailleurs la faculté de former des pourvois de cette nature alors même que l'accusé ou l'accusation n'ont usé d'aucune voie de recours dans le délai légal. Les procureurs ont le devoir de porter à la connaissance du procureur général les cas où ils estimeraient qu'il y a lieu de se pourvoir ainsi (§ 37). Ils ont également le devoir de veiller, dans toutes les poursuites d'office occasionnées par des crimes ou des délits, à ce que l'on mette en œuvre tous les moyens dont l'application peut servir à faire découvrir la vérité (§ 35). Le Code de Bosnie et d'Herzégovine, en désaccord sur ce point avec les dispositions du Code Autrichien (§ 34), ne les oblige pas à ouvrir une instruction sur toutes les infractions qui leur sont dénoncées ou dont ils peuvent avoir connaissance. Il leur laisse la faculté d'examiner, dans chaque cas, non seulement la question de savoir si le fait dénoncé tombe sous le coup de la loi pénale, mais encore l'opportunité d'une poursuite judiciaire. Il va de soi qu'une poursuite ne doit être abandonnée que dans le cas où l'on a des motifs tout à fait suffisants pour renoncer à l'exercice de l'action publique.

A cet égard les procureurs sont placés sous la haute surveillance du procureur général, auquel il doivent rendre compte.

VI

La personne soupçonnée d'avoir commis un fait punissable ne peut être considérée comme « prévenue » qu'à partir du moment où l'acte d'accusation ou le réquisitoire à fin d'ouverture d'une instruction, a été présenté. Celui-là seul est « accusé » contre lequel est ordonnée la comparution à l'audience (§ 42). Un fait très important à noter est que le prévenu peut se faire assister d'un défenseur, à chaque phase de la procédure. Cette disposition est une innovation heureuse sur le paragraphe 32 al. 1 du Code de 1880 et dépasse encore, dans ses termes, les mesures libérales prises par le Code autrichien en faveur des prévenus.

Les défenseurs peuvent être choisis sur une liste dressée par la Cour d'appel et qui contient les noms des avocats et des stagiaires pouvant justifier d'une pratique de trois ans. La loi ne reconnaît d'ailleurs comme défenseurs que des jurisconsultes, contrairement au paragraphe 32 al. 4 de l'ancien Code, qui admettait sur la liste, selon les circonstances, tout individu d'une moralité incontestée. Mais d'autre part, en vue d'en augmenter le nombre, la loi a institué des défenseurs pris au sein de la magistrature et désignés par la Cour d'appel; ces défenseurs fonctionnent constamment comme défenseurs gratuits sans que le fait d'appartenir à un tribunal nuise en rien à leur absolue indépendance. De cette manière il n'y a pas à redouter le manque de défenseurs, et les magistrats familiarisés avec cette noble tâche, sauront toujours se rendre compte des difficultés avec lesquelles la défense a à lutter.

Cette innovation a même une portée très grande. On peut y voir les premiers symptômes et l'annonce d'une réforme radicale dans l'organisation de la défense; celle-ci deviendrait en matière criminelle une sorte d'office public, une mission sociale analogue à celle de l'accusation. Il y a là une idée dont l'application présente un grand intérêt, et dont on retrouve un commencement de réalisation dans le dernier projet du Code de procédure pour la Hongrie.

Une autre innovation importante a été réalisée par le Code de Bosnie, en ce qui concerne la nécessité de la défense. On exige que le prévenu soit défendu toutes les fois qu'il s'agit d'une affaire soumise aux tribunaux de district. La présence du défenseur est indispensable non seulement à l'audience même, mais encore lorsqu'il s'agit de discuter un moyen de droit invoqué contre les sentences de ces tribunaux. C'est la première fois que nous rencontrons dans un Code de procédure pénale la défense rendue obligatoire d'une manière aussi absolue. On a considéré que cette obligation était une conséquence de l'égalité qui doit exister entre les parties en présence. On a voulu suppléer, dans les cas les plus graves, à l'ignorance des lois où se trouve le prévenu et à la situation inférieure où il est naturellement placé; dans ce but, on lui donne, on lui impose un défenseur expérimenté, qui sera à son côté et contre-balancera l'influence que pourrait exercer sur les juges l'organe du ministère public, avec ses connaissances juridiques et son expérience des affaires.

Cette disposition a paru d'autant plus nécessaire, que les constatations des premiers juges, en ce qui concerne les faits, ne peuvent pas être attaquées ni déférées à l'appréciation d'une juridiction supérieure. En conséquence, la loi veut que l'accusé, au moment où l'acte d'accusation lui est communiqué, soit avisé du droit qu'il a de recourir à l'assistance d'un défenseur. Dans le cas où il n'en choisit pas un lui-même, le tribunal a le devoir de lui en désigner un d'office (§ 46)..

Il faut rappeler, afin de bien mettre en lumière l'importance de cette réforme, que l'ancien Code ne rendait la défense obligatoire qu'en matière de crimes entraînant la peine de mort, et que le Code autrichien lui-même, qui assure avec tant de soin la protection des droits de l'accusé, se borne à exiger la présence d'un défenseur dans les affaires qui sont portées devant le jury.

Le nouveau Code va plus loin encore dans cette voie. Il ne lui suffit pas que l'accusé soit placé sous la protection d'un défenseur pendant l'instruction et les débats. Après la clôture des débats, le tribunal a le devoir de veiller à ce que l'accusé, s'il interjette appel ou se pourvoit en cassation, ne commette pas une faute ou une imprudence susceptible de compromettre sa situation. En lui donnant lecture du jugement à l'audience, le tribunal a le devoir de l'éclairer sur ses droits et de l'inviter, dans le cas où il voudrait se pourvoir contre la décision rendue, à indiquer le défenseur qu'il désire charger de ses intérêts, faute de quoi le tribunal doit lui en désigner un d'office (§ 47).

On ne pouvait, en vérité, pousser plus loin la protection due à l'accusé. D'ailleurs, cette assistance du défenseur, que le Code autorise dès les premières phases de l'instruction, n'est pas, comme nous allons le voir, une pure fiction et un trompe-l'œil. La loi, tout en admettant le principe de la publicité de l'instruction, ne s'est pas montrée très large dans l'application qu'elle en a faite; aussi ne donnant pas à l'instruction toute la publicité possible, cette publicité que préconisent tant de jurisconsultes criminels, elle a voulu y suppléer en concédant des droits positifs au défenseur. Celui-ci peut, pendant l'information et l'instruction, intervenir dans tous les actes judiciaires qui concernent la constatation des faits et que l'on ne pourrait point répéter à l'audience ; il peut se pourvoir contre ces actes et former tout recours dans l'intérêt de son client.

Il ne lui est pas défendu de communiquer avec celui-ci lorsqu'il se trouve en état de détention préventive ; mais les entrevues ne peuvent avoir lieu qu'en présence d'un magistrat. Il peut aller jusqu'à prendre communication du dossier, quand le juge d'instruction l'y autorise, ou, en cas de refus de celui-ci, lorsque le tribunal n'y voit pas d'inconvénient pour l'instruction. En tout cas, il peut, sans autorisation du juge d'instruction, prendre communication des procès-verbaux d'interrogatoires du prévenu, des avis des experts et des comptes rendus de toutes les mesures d'instruction auxquelles il a lui-même le droit d'assister.

Le Code ne reconnaît pas la possibilité d'une mise au secret, même au début de la procédure et pendant la première phase de l'instruction. L'acte d'accusation une fois communiqué, il va de soi que le droit de communiquer avec le client est absolu pour le défenseur, qu'il peut prendre communication complète du dossier, et même demander copie gratuite des pièces importantes.

VII

La mise en accusation doit être précédée d'une instruction quand il s'agit d'un crime entraînant une peine privative de liberté de cinq années ou plus.

Dans tous les autres cas, l'accusation, qu'elle soit représentée par l'organe du ministère public ou par la victime elle-même agissant à titre privé, est libre de requérir ou non une instruction, à son choix (§ 98).

L'instruction n'est donc nécessaire que dans les cas graves, hors lesquels le procureur peut introduire l'accusation en se basant uniquement sur la dénonciation ou, au besoin, sur les renseignements qu'il a pu se procurer. L'ouverture d'une instruction ne peut être ordonnée que sur une requête de celui qui a le droit d'accusation, et elle ne peut être continuée contre sa volonté (§§ 99, 116).

Le juge d'instruction n'est lié par la requête ainsi formée que quant aux faits à poursuivre et aux personnes inculpées; il est souverain appréciateur de la nature des moyens à employer pour découvrir la vérité, et dans la conduite de l'instruction, qui est laissée à sa discrétion absolue, il est tout à fait indépendant du parquet (§§ 100, 103).

D'autre part, l'accusation a le droit d'intervenir dans l'instruction au moyen de conclusions, et elle peut former un recours contre les décisions du juge d'instruction lorsque celui-ci refuse de faire droit à ses requêtes (§§ 38, 104).

Le juge d'instruction, par suite de sa position indépendante, a le droit d'examiner les requêtes de l'accusation non seulement au point de vue de leur légalité, mais aussi au point de vue de leur opportunité. Toutefois, ce droit d'examiner n'est pas sanctionné par la faculté absolue de rejeter *de plano* les requêtes présentées. Ce rejet ne peut pas être pur et simple; et le juge d'instruction doit, en tout cas, s'il éprouve quelque scrupule à faire droit aux conclusions de l'accusation, prendre au préalable l'avis du tribunal, provoquer de la part de celui-ci une décision, en vertu de laquelle lesdites conclusions seront rejetées, s'il y a lieu (§ 104).

VIII

Les dispositions du Code qui réglementent les citations et les mandats d'amener, de dépôt et d'arrêt (tit. XIV, §§ 182 et suiv.) peuvent également soutenir dignement la comparaison avec les législations modernes les plus perfectionnées. On remarque d'abord que le législateur, frappé des graves inconvénients que peut avoir une détention préventive trop prolongée, a cherché, par un certain nombre de salutaires prescriptions, à éviter toute prolongation inutile de la détention. Il érige même en devoir pour les magistrats le soin de veiller à ce que la durée en soit exactement maintenue dans les limites d'une stricte nécessité (§§ 198 et 228).

En outre, le nouveau Code a introduit dans la législation une réforme importante en supprimant la détention préventive dans un cas où l'ancien Code l'admettait : c'est lorsque le fait incriminé avait *causé un scandale public*. Indépendamment de l'arbitraire auquel pouvait prêter une telle faculté, on peut remarquer aussi, comme le fait très justement l'exposé des motifs, que, dans ce cas, l'emprisonnement préventif ne se justifiait pas par les nécessités de la procédure et n'était pas indispensable à la bonne marche de l'instruction. Il ne suffit pas d'alléguer l'opportunité d'une telle mesure et la nécessité de donner une satisfaction momentanée à l'opinion publique ; ces raisons ne motivent pas suffisamment l'incarcération préventive du prévenu, dont le seul but doit être de faciliter l'instruction. D'ailleurs, ce sentiment vague de justice qui règne dans le peuple et lui fait considérer la détention préventive comme une suite et une sanction nécessaire du scandale causé par un méfait, ce sentiment trouvera satisfaction, quand la gravité des faits dénoncés ou de la peine encourue permettra légalement l'emprisonnement préventif de l'inculpé.

IX

Relevons encore les dispositions des paragraphes 192-197, qui régissent le traitement des personnes détenues préventivement et qui, bien que conformes en principe aux dispositions de la législation autrichienne sur le même sujet, dénotent un progrès sensible accompli, et montrent chez le législateur la ferme volonté d'écarter du régime de la détention préventive toutes les mesures vexatoires ou ayant un caractère pénal, qui ne sont pas absolument indispensables pour le but que l'on s'est proposé en organisant cette détention. Nous sommes heureux de constater qu'ici c'est la loi elle-même qui réglemente une matière laissée par la plupart des législations et même des meilleures, à la discrétion des juges d'instruction ou des autorités administratives. Nous savons bien que ces dispositions ne pourront pas toujours être rigoureusement observées dans la pratique : des circonstances se produiront, questions pécuniaires et raisons d'économie, ou même questions de personnes ou de lieu, dont bien souvent dépendra le sort des prisonniers. Mais il suffit que l'on ait posé les premiers jalons d'une réforme en cette matière si délicate, qui a sérieusement préoccupé, au cours de ce siècle, les philosophes et les jurisconsultes. Il est évident que les sacrifices qui s'imposent aux citoyens augmentent avec le développement de la sûreté publique et de l'ordre social et qu'ainsi l'on ne peut pas effacer d'une loi d'instruction criminelle, qui a pour but d'assurer et de consolider la répression, certaines mesures de force et certaines dispositions qui semblent porter très rigoureusement atteinte aux droits et à la liberté des citoyens ; aussi la détention préventive s'imposera-t-elle toujours dans une certaine mesure ; il faut seulement trouver ou du moins chercher des moyens efficaces pour la rendre plus supportable et en atténuer autant que possible la rigueur.

Malgré des efforts sincères et constants qui sont tout à l'honneur de notre époque, on n'a pas, jusqu'à présent, trouvé de solution satisfaisante à la question de l'indemnité à accorder par l'État aux innocents qui ont été par erreur détenus préventivement ; la doctrine elle-même en est encore à trouver cette solution tant cherchée.

Les législations en général sont muettes sur ce point, et celles qui ont tenté de faire un pas en avant n'ont encore donné lieu qu'à des expériences insuffisantes pour que l'on puisse en apprécier les résultats.

Il est du reste incontestable en fait qu'une législation quelconque ne saurait fixer les conditions d'une telle indemnité de façon à donner une complète satisfaction à la fois aux droits des individus qui ont été détenus sans raison suffisante, et à l'intérêt social qui exige que la justice ne soit nullement entravée dans son cours.

Jusqu'au jour où l'on pourra trouver le moyen de réglementer les conditions dans lesquelles cette indemnité sera due et payée, de manière à respecter les sentiments de justice des populations en même temps que les nécessités de la répression pénale, jusque-là, s'il n'y a pas à songer à effacer de nos Codes la détention préventive, il faut du moins louer sans réserves le législateur qui prend sérieusement en considération, pour tâcher de l'améliorer, le triste sort des personnes détenues. C'est ce qu'a fait ou tenté de faire le Code de Bosnie et d'Herzégovine ; il a pensé que même coupables, les personnes détenues préventivement avaient le droit de demander que leur détention ne fût pas une peine anticipée ; il a pensé surtout que les innocents ne devaient pas subir un châtiment non mérité qui blesse tous les sentiments de justice.

Dans un Code inspiré par un profond sentiment de respect envers la liberté individuelle, il va sans dire que la liberté provisoire sous caution devait être admise dans une large mesure. Aussi le Code dont nous nous occupons a-t-il, en cette matière, suivi l'exemple de la législation autrichienne.

L'accusé *peut* demander à être mis ou laissé en liberté provisoire, même quand il s'agit des crimes les plus graves, de ceux qui sont punis de cinq années de réclusion au minimum (§ 202).

En dehors de ces cas, l'*accusé a le droit* expressément reconnu par
la loi de demander sa mise en liberté provisoire moyennant une
caution ou garantie suffisante (§ 200). Les conditions auxquelles
est soumise cette caution ou garantie sont d'ailleurs aussi peu
rigoureuses que possible ; ainsi toute tierce personne solvable peut
être admise comme caution. De cette façon, le manque de fortune
personnelle de la part de l'inculpé n'est pas un obstacle absolu, et
le bénéfice ainsi accordé n'est pas illusoire, même en ce cas ; ce
bénéfice est égal pour tous les citoyens, aussi bien pour ceux qui
sont favorisés par la fortune que pour ceux qui, par leur honorabi-
lité et un passé respecté, ont su gagner la confiance de leurs conci-
toyens : ceux-ci pourront, malgré leurs faibles ressources, obtenir
la liberté provisoire, grâce aux répondants qui s'engageront pour
eux.

X

L'interrogatoire de l'accusé pendant l'instruction a été main-
tenu ; malgré le principe accusatoire on n'a pas cru pouvoir encore
s'en passer absolument. Il est certain que cet interrogatoire est un
élément moins important ici que dans la procédure inquisitoriale.
De même que la loi autrichienne, notre Code regarde cet interrogatoire non seulement comme un moyen de preuve pour l'accusation, mais aussi comme un moyen éventuel de défense assez
utile. Ce sont seulement les abus auxquels il donne naissance dans
l'instruction secrète, qui doivent être rigoureusement combattus
par le législateur.

Il importe de fixer des limites étroites et précises au pouvoir
discrétionnaire du juge d'instruction. Ce pouvoir discrétionnaire
doit servir et est jusqu'à un certain point indispensable à la
découverte de la vérité, mais il peut aussi devenir une arme re-
doutable contre l'accusé, quand la loi n'a pas pris soin de le contrôler et de le restreindre. Pour suppléer au défaut de publicité,
de cette publicité qui constituerait en principe la protection la plus
efficace pour l'inculpé, mais qui, d'un autre côté, au point de vue
de la répression pénale, présenterait des inconvénients sérieux, la
loi reconnaît au prévenu le droit de demander à être assisté de deux
témoins (*Gerichtszeugen*) qui contrôlent son interrogatoire. Le juge
d'instruction peut aussi provoquer d'office l'assistance de ces deux
témoins, s'il a lui-même un intérêt à être contrôlé au cours de
l'instruction. En Autriche, l'expérience a prouvé que l'accusé n'use

de cette faculté que très rarement ; il lui semble le plus souvent qu'il a intérêt à éviter que le juge d'instruction ne regarde une telle demande, de sa part, comme un acte de méfiance envers lui. L'inculpé a un certain intérêt en somme, ou estime du moins avoir intérêt à s'assurer la bienveillance du juge d'instruction, de qui dépend dans une certaine mesure son sort actuel.

D'ailleurs, en maintenant l'interrogatoire, les rédacteurs du Code ont formulé des dispositions explicites et détaillées sur la manière d'interroger le prévenu (§§ 206-214). Ils ont prohibé les moyens qui pourraient exercer une influence sur la libre volonté de l'inculpé ; ils ont également interdit les promesses quelconques faites pour provoquer un aveu, les menaces et en général tous les artifices et procédés employés pour arracher à l'inculpé des explications susceptibles de lui être nuisibles. Le refus de l'inculpé de faire un aveu ne donne pas au juge d'instruction le droit de prolonger ses investigations. Le refus absolu de répondre aux questions du juge d'instruction ne doit pas davantage lui nuire ; on doit se borner à appeler son attention sur ce fait que, malgré son refus, l'instruction suivra son cours, et qu'il se prive ainsi, contrairement à son propre intérêt, d'un important moyen de défense.

Sans doute, de semblables dispositions, conformes d'ailleurs aux principes établis par le Code autrichien pris ici comme modèle, n'empêcheront jamais d'une manière absolue que des abus soient commis par excès de zèle, les dispositions de la loi n'ayant sur ce point que le caractère de simples instructions et manquant d'une sanction pénale quelconque. Toutefois, il faut se louer de voir les législateurs modernes prouver, en formulant de telles injonctions, leur respect pour la liberté individuelle. Les juges d'instruction qui voudront remplir consciencieusement leur importante mission devront s'inspirer de l'esprit du législateur et se conformer aux dispositions édictées par lui.

XI

Dans l'étude sommaire que nous avons faite des dispositions qui se rattachent à la mise en accusation, nous avons relevé ce fait que, d'après l'ancien Code de Bosnie et d'Herzégovine qui était basé sur le principe de la procédure inquisitoriale, la mise en accusation était prononcée par le tribunal lui-même. C'est le système consacré par la plupart des Codes de procédure, notamment par les Codes français et allemand, avec des restrictions plus ou moins étendues.

Le nouveau Code, ayant créé un ministère public qu'il tenait à rendre absolument indépendant des tribunaux, et étant disposé à faire les plus grandes concessions au principe accusatoire, a considéré la mise en accusation comme une fonction exclusivement réservée à l'accusateur public, qui y procède au moyen de la présentation et de la signification d'un acte d'accusation.

C'est là le système du Code autrichien (§ 207), système généralement considéré aujourd'hui, du moins dans la doctrine, comme découlant nécessairement du principe accusatoire; car c'est bien en réalité l'accusateur qui saisit le juge. Il n'est pas moins incontestable, comme le remarque fort bien l'exposé des motifs, que le Code de procédure criminelle autrichien, en édictant cette disposition, a également tenu compte du rôle important que la mise en accusation doit remplir dans l'intérêt de la simplification de la procédure. C'est ainsi qu'il permet l'abandon immédiat des poursuites dans le cas où l'on juge qu'un débat à l'audience serait évidemment sans résultat ou lorsqu'il s'agit d'affaires qui doivent être renvoyées devant une autre juridiction.

Le système autrichien a en vue la protection de l'accusé contre des accusations vexatoires ou mal fondées. Il a pour conséquence principale de donner aux débats une base solide et précise, fournie par la formule même de l'accusation.

Ces avantages incontestables de l'application du principe accusatoire expliquent pourquoi les dispositions du Code autrichien de 1873 ont été adoptées par le Code de Bosnie et d'Herzégovine.

Sur un point seulement, une modification s'imposait, qui n'est pas sans importance. Dans le Code autrichien, c'est la Cour d'appel qui doit connaître de l'opposition formée contre l'acte d'accusation : le législateur a voulu par là soustraire cette opposition à la décision du tribunal de première instance, afin d'éviter tout préjugé sur son jugement au fond. Le tribunal doit rester absolument étranger à l'affaire jusqu'à ce qu'elle vienne à l'audience; car il ne faut pas que les juges aient à redouter de se mettre en contradiction avec eux-mêmes, en prononçant un acquittement après avoir admis l'accusation. Des raisons d'organisation faisaient obstacle à ce que notre Code adoptât cette manière de procéder. La Cour d'appel connaît en effet, en second et dernier ressort, des questions soumises aux tribunaux; et il n'y a point de juridiction intermédiaire entre ceux-ci et celle-là, comme en Autriche, où existent des tribunaux supérieurs (*Oberlandesgerichte*) prenant rang entre les tribunaux de première instance et la Cour de cassation.

Le tribunal de première instance est donc compétent pour connaître des oppositions formées contre l'acte d'accusation. On ne peut nier que le système autrichien soit plus perfectionné ; mais, en revanche, il convient de remarquer que la procédure de l'opposition a été réglée en Bosnie de façon à réserver toute liberté aux tribunaux en ce qui concerne la décision au fond : les jugements qui rejettent l'opposition et confirment ainsi la mise en accusation, n'affectent que la procédure sans avoir nullement le caractère de jugements définitifs, et sans préjuger en quoi que ce soit le fond du procès. Il est, d'ailleurs, expressément interdit aux juges de motiver leurs décisions relatives aux oppositions, de façon à n'influer aucunement sur leur sentence définitive.

XII

En ce qui concerne les actes préparatoires des débats et les débats eux-mêmes à l'audience publique, nous nous bornerons à constater la concordance parfaite des dispositions de notre Code avec celles du Code autrichien qui, incontestablement, tient en cette matière le compte le plus juste et le plus impartial des rôles divers attribués à l'accusation, à l'accusé, à la défense et aux juges. Ces dispositions comprennent les droits et les devoirs du président, auquel il est expressément recommandé de donner tous les renseignements et toutes les instructions nécessaires aux assesseurs (*Beisitzer*) non jurisconsultes, de leur exposer l'affaire qui fait l'objet de leur délibération et de leur rappeler leurs devoirs (§ 244).

Les assesseurs représentent à l'audience le même élément que le jury, dont l'institution, en Bosnie et Herzégovine, était impossible à cause de la situation spéciale du pays. La séparation de l'élément juridique et de l'élément laïque et leur répartition en deux collèges agissant séparément en vue d'un résultat unique aurait certainement été la cause de verdicts erronnés et souvent incompréhensibles. Les assesseurs ont à peu près les mêmes fonctions que les échevins allemands ; et si on ne leur a pas donné ce nom, c'est évidemment qu'on voulait leur attribuer un caractère plus populaire : leur dénomination désigne mieux des individus jouissant d'une confiance spéciale parmi le peuple. En somme, l'élément qui forme la base de cette institution est le même que pour le jury, son recrutement est analogue, mais sa forme est différente. Malgré la prépondérance naturelle des juges de profession, la loi a réglé la participation des laïques de manière que leur opinion se fasse entendre et respecter. Les assesseurs prêtent serment à l'audience et publiquement. Les termes du serment tiennent compte des sentiments religieux de la population. Ils jurent, non seulement de suivre attentivement les débats et d'examiner consciencieusement les divers moyens de preuve, mais aussi, — ce qu'il importe de remarquer, — de ne prendre en considération ni la situation de l'accusé, ni son crédit ou son autorité, ni sa pauvreté ou sa richesse, et de ne pas se laisser déterminer par la haine ou par la différence des religions (§ 250).

L'interrogatoire de l'accusé est réglé conformément au Code autrichien. L'accusé ne peut pas être forcé de répondre aux questions posées. Il a le droit de fournir sur l'accusation toutes les explications qu'il juge convenables, mais il n'en a pas le devoir (§ 257).

L'instruction à l'audience et les plaidoiries une fois terminées, le tribunal se retire dans la chambre du Conseil pour délibérer (§ 269). Les juges et les assesseurs exercent à cet égard les mêmes droits ; le jugement, en droit comme en fait, est le résultat de leur commune délibération. L'accusé se soumettra aux décisions à intervenir avec d'autant moins de défiance, qu'il verra ses moyens de défense examinés ainsi par des juges tirés du sein même de la nation.

XIII

Contre les jugements des tribunaux de district (*Kreisgerichte*), il n'y a que deux voies de recours possibles : la cassation et l'appel. C'est à la Cour d'appel (*Obergericht*) qu'il appartient de statuer dans les deux cas.

Nous avons dit plus haut que le Code avait introduit l'obligation de la défense, comme conséquence nécessaire du système accusatoire adopté par lui. Or, en matière criminelle, les meilleures institutions deviendraient inutiles ou à peu près, si l'accusé était laissé dans l'ignorance des droits dont l'exercice dépend de son initiative, car il se trouverait souvent dans l'impossibilité de les faire valoir, faute d'en avoir une connaissance suffisante. Aussi nulle part ce principe de la défense obligatoire n'a plus d'importance que lorsqu'il s'agit des voies de recours.

Le peuple ne saisira jamais complètement le sens et le mécanisme du pourvoi en cassation et de l'appel, qui sont d'autant plus compliqués que la législation qui les consacre est plus développée.

Il a paru impossible d'admettre qu'on pût appeler d'un jugement de condamnation, lorsque cet appel devait se fonder sur une prétendue erreur dans appréciation des preuves et des faits. L'examen de la question de culpabilité par une juridiction supérieure (dans l'espèce par la Cour d'appel de Serajevo) aurait été, paraît-il, la source de difficultés insurmontables, vu les circonstances locales. Par suite, on a admis seulement la possibilité d'attaquer les jugements de condamnation à raison de motifs de nullité exactement précisés. Un pareil système ne pourrait pas fonctionner sans la défense obligatoire, du moins dans un pays où les dispositions législatives régissant la matière sont d'origine aussi récente.

En ce qui concerne le recours en nullité, on n'a pas cru devoir reproduire les dispositions de l'ancien Code de Bosnie et d'Herzégovine, qui ne précisait pas les moyens de nullité d'une façon stricte et limitative.

On a bien fait, à notre avis, de suivre, au contraire, le système consacré par la législation autrichienne, qui énumère limitativement les moyens de nullité et les divise seulement en deux catégories : certaines formalités sont considérées par la loi comme essentielles à tous les points de vue (§ 281, n° 3) et leur inobservation entraîne en tous cas la nullité ; tandis qu'en d'autres cas, la loi s'en remet à l'appréciation discrétionnaire du tribunal du soin d'examiner l'importance de la nullité invoquée et de décider s'il y a lieu de la prononcer, étant donnée son influence possible sur l'exercice des droits de l'accusation comme sur ceux de la défense.

Ce système assure à la jurisprudence plus de fermeté et de fixité ; il permet au juge d'éviter de prononcer la nullité dans les cas où cette sanction est hors de proportion avec l'importance des formalités qui n'ont pas été remplies.

La procédure du pourvoi en cassation a été réglée sur le modèle du Code autrichien de 1873 et de la loi supplémentaire du 31 décembre 1877. La Cour d'appel remplit les fonctions de Cour de cassation ; elle connaît de tous les pourvois, conformément aux dispositions détaillées de la loi.

Les appels sont portés devant la même cour, mais ils ne sont recevables que contre les jugements emportant condamnation, ou contre les décisions rendues sur des demandes à fins civiles ; toutefois, en ce qui concerne ces dernières, l'appel ne peut être interjeté que par l'accusé ou par ses héritiers.

XIV

Les autres parties du nouveau Code ne présentent presque aucune différence avec le Code autrichien.

Il en est ainsi, notamment, des dispositions relatives à la révision. Il s'agit de concilier l'intérêt que peut avoir la société à faire tomber un jugement reposant sur des données fausses avec l'autorité de la *res judicata*.

Sans méconnaître les objections sérieuses que soulève le système de notre Code, qui admet, avec la loi autrichienne, la possibilité d'une révision au préjudice de l'accusé acquitté ou même dans le but d'obtenir une aggravation de peine, il est juste d'observer que les prescriptions concernant la révision en faveur des condamnés sont conçues d'une façon assez large. Le condamné peut former une demande en révision s'il produit de nouveaux faits ou de nouvelles preuves qui, soit isolés, soit rapprochés des preuves antérieurement produites, semblent de nature à justifier un acquittement ou au moins une condamnation moins grave. Ce système, adopté d'ailleurs par les législations les meilleures parmi les plus récentes, a rompu avec la tradition qui empêchait de remédier à des erreurs manifestes par respect de l'autorité de la chose jugée.

La procédure devant les *Bezirksämter* (juges de canton) est également basée, dans la mesure du possible, sur le principe accusatoire.

Les fonctions du ministère public sont exercées par le chef du canton (*Bezirksvorsteher*) (§ 397). Toutefois, il n'y a pas lieu à une instruction préalable, à la présentation d'un acte d'accusation, ni à aucun débat sur la mise en accusation. Il suffit que la demande pure et simple de l'application d'une peine, conformément à la loi, soit présentée par écrit ou même verbalement. Le chef du canton, en sa qualité d'accusateur public, ne prend pas part aux débats : sa participation aux débats aurait pu, en effet, étant donnée la situation de ce fonctionnaire, exercer une influence sur les juges, qui sont en même temps, eux aussi, des fonctionnaires de l'ordre administratif, et par conséquent, ses subordonnés. La procédure devant cette juridiction est, sauf les exceptions que nous venons d'indiquer, soumise aux mêmes règles que la procédure devant les tribunaux de district.

XV

Nous nous sommes bornés à signaler, d'une manière sommaire, les principales dispositions du Code de procédure pénale de Bosnie et d'Herzégovine. Ce Code offre de l'intérêt à un double point de vue. On peut remarquer, d'un côté, qu'il a respecté, autant que possible, les traditions et les manières de voir de la population indigène, dont il fallait s'attacher à ne blesser ni les sentiments juridiques, ni même les sentiments religieux ; d'un autre côté, on constate qu'il a réalisé tout un ensemble de réformes importantes en matière de procédure.

Il est évident que cette codification ne devait pas être une reproduction pure et simple du Code autrichien de 1873, ni quant aux règles à appliquer, ni quant aux termes à employer. On peut dire que le Code autrichien, qui date aujourd'hui d'une vingtaine d'années, a complétement fait ses preuves. Il a atteint un degré de perfection inconnu jusqu'à ce jour par les législations pénales contemporaines, grâce à un certain nombre de dispositions qu'il est inutile de relever ici : elles sont assez connues et ont été suffisamment appréciées en France même, grâce à la traduction consciencieuse qui en a été faite par MM. Ed. Bertrand et Ch. Lyon-Caen, et qui a été publiée par les soins de la Société de législation comparée. Cette publication a largement contribué à provoquer les sympathies et l'admiration des juristes français en faveur de cette œuvre remarquable du regretté Jules Glaser ; les plus récents projets de réforme du Code français d'instruction criminelle se sont évidemment inspirés, sur plusieurs points, du Code autrichien qui, d'après l'expression de Carrara, constitue le type le plus accompli de la procédure accusatoire.

Il est certain que tout législateur doit tenir à honneur de se conformer aux principes d'équité et de vrai libéralisme qui caractérisent ce Code ; et l'on s'explique que la Hongrie, qui prépare également un Code de procédure pénale, en ait suivi les principes dans tous les projets publiés jusqu'à ce jour. D'ailleurs, ces projets s'inspirent également des perfectionnements que présentent les autres Codes d'origine plus récente et notamment le Code allemand. Toutefois, malgré les nombreuses améliorations qu'on rencontre dans le Code de procédure pénale allemand de 1877, dont l'excellente traduction, par M. Fernand Daguin, a pris place dans la collection des principaux Codes étrangers publiés par notre Société, il faut reconnaître que les partisans d'une application plus absolue du principe accusatoire sont disposés à suivre plutôt le Code autrichien, qui leur semble assurer, d'une manière plus efficace, les droits de l'accusé, sans affaiblir en rien la répression pénale. C'est l'honneur de notre siècle d'avoir fait respecter le droit de défense de l'accusé autant et dans la même mesure que le droit de l'accusation.

Dans aucune des réformes que l'on apportera, dans l'avenir, à la procédure pénale, on ne pourra se soustraire à l'influence des principes consacrés par les deux législations d'Autriche et d'Allemagne. Si ces législations ne sont pas absolument concordantes, elles ont du moins toutes deux considérablement contribué à assurer le progrès de la procédure pénale, et elles forment une base excellente pour son développement ultérieur. Mais nous ne devons pas oublier que les principes fondamentaux (oralité, publicité, libre appréciation des preuves) ont été inaugurés par la législation française. La partie du Code français qui a trait à la procédure à l'audience, a été généralement adoptée sans modification par les législations contemporaines.

Dans ces conditions, le nouveau Code de Bosnie et d'Herzégovine ne pouvait faire mieux que de suivre la loi autrichienne, en lui faisant subir seulement les modifications nécessaires pour faciliter la tâche de la civilisation dans un pays où le développement de la justice dépend essentiellement de la confiance du peuple dans les institutions qui lui sont imposées et dans les personnes qui sont chargées de les faire respecter.

Tel est le second point de vue auquel on peut se placer pour apprécier l'importance de cette nouvelle codification. Le gouvernement actuel de ces pays a déjà fait beaucoup pour leur relèvement en matière administrative, économique, sociale et législative. L'administration y a rendu à la civilisation, pendant une période relativement courte, des services importants. Elle a posé les bases d'une bonne justice, et le nouveau Code, inspiré par des principes d'équité et d'humanité, a inauguré une nouvelle période de progrès pour ce pays. Rien ne prouve mieux l'état d'avancement d'une nation que la perfection de ses lois, et leur application assurée conformément aux vues du législateur.

PARIS. — IMP. C. MARPON ET E. FLAMMARION, RUE RACINE, 26.

www.ingramcontent.com/pod-product-compliance
Ingram Content Group UK Ltd.
Pitfield, Milton Keynes, MK11 3LW, UK
UKHW020130080726
13614UKWH00005B/2141